PARAMAHANSA YOGANANDA
(1893 – 1952)

AUS DER QUELLE DER SEELE

WEGE ZUM ERFOLGREICHEN BETEN

PARAMAHANSA YOGANANDA

Self-Realization Fellowship
FOUNDED 1920 BY PARAMAHANSA YOGANANDA

Über dieses Buch: *Aus der Quelle der Seele* ist eine Sammlung von Auszügen aus Paramahansa Yoganandas Schriften, Vorträgen und Gesprächen. Die hier vorgelegten Texte erschienen ursprünglich in seinen Büchern, in Beiträgen zu *Self-Realization* (eine Zeitschrift, die er 1925 ins Leben rief), in den drei Anthologien seiner gesammelten Vorträge und Essays sowie in anderen Veröffentlichungen der Self-Realization Fellowship.

Der Titel der im Verlag Self-Realization Fellowship,
Los Angeles, Kalifornien, erschienenen Originalausgabe lautet:
In the Sanctuary of the Soul
ISBN: 978-0-87612-171-9

Übersetzung ins Deutsche: Self-Realization Fellowship

Autorisiert durch
*International Publications Council of
Self-Realization Fellowship*, USA

Der Name und das Logo der Self-Realization Fellowship (siehe oben) erscheinen auf allen Büchern, Ton- und Videoaufnahmen sowie anderen Veröffentlichungen der SRF. Auf diese Weise kann der Leser sicher sein, dass ein Werk von der Organisation stammt, die Paramahansa Yogananda selbst gegründet hat, und dass es seine Lehre wahrheitsgetreu wiedergibt.

Erste deutsche Auflage 1998
Nachdruck 2021
ISBN: 978-0-87612-172-6
1621-J06867

INHALT

Vorwort

von Sri Daya Mata

Präsidentin und geistiges Oberhaupt der
Self-Realization Fellowship/Yogoda Satsanga Society of India
von 1955 bis zu ihrem Hinscheiden 2010

Ich begegnete Paramahansa Yogananda 1931, als er in meine Heimatstadt Salt Lake City kam, wo er eine Reihe von Vorträgen und Seminaren gab. Es war eine Begegnung, die mein Leben grundlegend verwandelte.

Obgleich ich noch ein Teenager war, beschäftigten mich schon viele geistige Fragen, auf die ich keine Antwort erhielt. Ich hatte mir die Predigten verschiedener Geistlicher angehört, doch sie befriedigten mein Herz nicht. »Jeder redet über Gott, aber gibt es denn keinen, der Ihn wirklich kennt?«

Als ich das überfüllte Auditorium betrat, in dem Paramahansa Yogananda sprach, und seine geistige Ausstrahlung, seine Kraft und Liebe fühlte, war ich augenblicklich und zutiefst davon überzeugt, dass ich mich in der Gegenwart eines Menschen befand, der Gott gefunden hatte und mich zu Ihm führen konnte.

Eines Abends sprach er über das Thema Glaube und Willenskraft. Als ich dort saß und ihm zuhörte, fühlte ich mich derart inspiriert, dass ich keinen Zweifel mehr daran hegte, der Glaube könne Berge versetzen.

Nach Beendigung des Vortrags wartete ich, um ihn begrüßen zu können. Ich litt schon seit langem unter einer schweren Blutvergiftung, die durch einen Unfall in der Oberschule verursacht worden war und den ganzen Körper erfasst hatte; die Ärzte konnten mich nicht heilen. Während wir uns unterhielten, fragte er mich plötzlich: »Glaubst du, dass Gott dich heilen kann?« Große göttliche Kraft strahlte aus seinen Augen.

Und ich erwiderte: »Ich *weiß*, dass Gott mich heilen kann.«

Er berührte mit segnender Geste meine Stirn. Dann sagte er: »Von heute an bist du geheilt. Innerhalb einer Woche werden deine Narben verschwunden sein.« Und genau das geschah. Innerhalb einer Woche war meine Krankheit wie weggeblasen und ist nie wiedergekehrt.

Für Paramahansa Yogananda waren der Glaube an Gott und die Gebete kein bloßes Wunschdenken, keine vage Vorstellung. Er kannte die wissenschaftliche

Methode des Betens, die einem unmittelbare Ergebnisse und Erfahrungen bringt. Und diese geistige Wissenschaft – Yoga, die Wissenschaft der Seele – lehrte er vor Tausenden von Menschen aus aller Welt. Es handelt sich um wirksame Methoden, die zu einer inneren Verbundenheit mit Gott führen und jeder Seele dazu verhelfen können, ihre Einheit mit dem Göttlichen zu erkennen.[1]

»*Seid stille und erkennet, dass ich Gott bin.*« Diese Worte aus den Psalmen beschreiben das Ziel des Yoga. In der inneren Stille tiefer Meditation kann sich jeder persönlich mit Gott in Verbindung setzen. Dann wird das Gebet wahrlich dynamisch – es wird zu einer innigen, liebevollen Zwiesprache der Seele mit ihrem Schöpfer im Heiligtum des inneren Schweigens.

In seinen vielen Büchern sowie seinen gesammelten Ansprachen und Abhandlungen spricht Paramahansa Yogananda oft darüber, wie wir unsere Gebete wirksamer machen können. In diesem kleinen Band haben wir eine Auswahl davon zusammengestellt. Für

---

[1] Diese von Paramahansa Yogananda gelehrten wissenschaftlichen Meditationstechniken werden von der *Self-Realization Fellowship* in Form von Lehrbriefen versandt, die jeder bei sich zu Hause studieren kann.

diejenigen, die gerade damit beginnen, ihrem Leben einen geistigen Inhalt zu geben, mögen diese inspirierenden Gedanken richtungweisend für den Anfang sein. Und denjenigen, die das Gebet und die Meditation bereits in ihren Tagesablauf eingegliedert haben, werden diese Richtlinien dazu dienen, ihre Beziehung zum Göttlichen zu festigen und zu vertiefen.

Die Lehre Paramahansa Yoganandas hebt hervor, dass Gott nicht fern und unnahbar ist. Dieses Göttliche Wesen ist wahrhaftig »der Nächste der Nächsten, der Liebste aller Lieben, der Vertrauteste aller Vertrauten, der sich unmittelbar hinter unseren Gedanken und Gefühlen befindet – unmittelbar hinter den Worten, mit denen wir beten.«

Wie Paramahansa Yogananda in der Auswahl dieses Buches zeigt, kann der Unendliche Gott, der zugleich Vater, Mutter und Freund ist, zu einer lebendigen, erleuchtenden Gegenwart in unserem Leben werden, die uns Kraft, Führung, Erneuerung und Heilung bringt, wenn wir dem Gebet und der Meditation jeden Tag ein wenig Zeit widmen.

Das ist mein Wunsch für Sie, lieber Leser, und ich weiß, dass es auch Paramahansajis Wunsch wäre.

Los Angeles
September 1998

I

Das Gebet ist eine
Forderung der Seele

—〰—

Tauche in die Stille
deiner Seele ein

Gottes Tempel liegt in deiner eigenen Seele. Tauche in diese Stille ein und meditiere im Licht deiner Intuition. Dort gibt es keine Unruhe, kein Suchen, kein Bemühen. Komm in die Stille der Einsamkeit ...

—✵—

Tritt in das innere Heiligtum der Seele ein ... Erkenne das verlorene Ebenbild Gottes in deinem Innern und rufe es dir in Erinnerung.

—✵—

Jeder von uns ist Gottes Kind. Wir sind aus Seinem Geist geboren – in aller Reinheit, Herrlichkeit und

Freude. Niemand kann uns dieses Erbgut streitig machen ... In der Bibel heißt es: »Wisset ihr nicht, dass ihr Gottes Tempel seid und der Geist Gottes in euch wohnt?« Vergesst nie, dass der Vater euch bedingungslos liebt ...

Das bedeutet jedoch nicht, dass wir in den Urwald fliehen müssen, um Ihn zu suchen. Wir können Ihn im Urwald des täglichen Lebens finden – in der Höhle des inneren Schweigens.

—ɯ—

Selbst wenn ihr nichts anderes tut, als aufrichtig zu Ihm zu beten, wird eines Tages Seine große Freude über euch kommen.

—ɯ—

Das wahre Gebet ist ein Ausdruck der Seele, ein seelisches Verlangen. Man hungert tief innerlich

nach Gott. Man ruft schweigend und sehnsüchtig
nach Ihm.

—⁓⁓—

Sprecht immerfort und aus ganzer Seele zu Ihm;
dann kann Er sich nicht länger von euch
fernhalten.

—⁓⁓—

Gott ist die Mutter aller Mütter, der Vater aller
Väter, der eine Freund hinter allen Freunden.
Wenn Er eurem Herzen nähersteht als alles andere, werdet ihr noch viel Wunderbares im Leben
erfahren. »Und Er geht mit mir, und Er steht zu
mir und versichert mir, ich sei Sein!«

—⁓⁓—

Wenn alle menschliche Hilfe versagt

Wir vermögen unseren täglichen Bedarf auf zweierlei Weise zu decken – zum einen auf materielle Art. Wenn wir z. B. krank sind, können wir zu einem Arzt gehen und uns behandeln lassen. Doch schließlich kommt eine Zeit, wo keine menschlichen Mittel mehr helfen. Dann halten wir nach einer anderen Methode Ausschau – nach der Kraft des Geistes, nach dem Schöpfer von Körper, Geist und Seele. Den irdischen Kräften sind Grenzen gesetzt, und wenn sie versagen, wenden wir uns an die unbegrenzte göttliche Kraft. Ähnlich ist es bei einer finanziellen Notlage: Wenn wir unser Bestes getan haben, aber immer noch Mangel leiden, wenden wir uns an diese andere Kraft ...

Unser Ziel darf nicht nur darin bestehen, finanzielle Sicherheit und gute Gesundheit zu erlangen, sondern vor allem darin, nach dem Sinn des Lebens zu suchen. Worin besteht dieser Sinn überhaupt? Bei jedem Schicksalsschlag ist unsere erste Reaktion, dass wir die Ursache in unserer Umgebung suchen und die nötigen materiellen Vorkehrungen treffen, von denen wir uns eine Besserung erhoffen. Doch wenn wir an dem Punkt angelangt sind, wo wir sagen müssen: »Ich habe alles versucht, aber nichts hat geholfen. Was soll ich als nächstes tun?«, dann beginnen wir, ernsthafter über eine Lösung nachzusinnen. Und wenn wir tief genug nachdenken, finden wir im eigenen Innern die Antwort. Das ist eine Art von erhörten Gebeten.

—✦—

Wenn die chronischen Krankheiten und Leiden der Menschen nicht mehr geheilt werden können, wenn alle menschlichen Methoden versagen, weil ihnen bei der Behandlung körperlicher oder geistiger Krankheiten offensichtlich Grenzen gesetzt sind, dann müssen wir Gott um Hilfe bitten – denn Seine Macht ist unbegrenzt.

—◆—

Macht euch frei von dem Gedanken, dass Gott mit Seinen Wunderkräften weit entfernt im Himmel thront und dass ihr ein hilfloser kleiner Wurm seid, der hier auf Erden unter lauter Schwierigkeiten begraben liegt. Denkt immer daran, dass hinter eurem Willen der machtvolle göttliche Wille liegt; doch diese gewaltige Kraft kann euch nicht eher helfen, als bis ihr empfänglich dafür werdet.

—◆—

GOTT WIRD DEINE LIEBEVOLLEN BITTEN ERHÖREN

Gott ist kein stummes, gefühlloses Wesen. Er ist die Liebe selbst. Wenn ihr wisst, wie ihr meditieren müsst, um Verbindung mit Ihm aufzunehmen, wird Er euer liebendes Bitten erhören. Ihr braucht Ihn nicht anzuflehen; ihr könnt als Seine Kinder Forderungen stellen.

—⁓—

Ich ziehe den Ausdruck »Forderung« dem Wort »Gebet« vor, denn er ruft einem nicht die primitive, mittelalterliche Vorstellung von einem majestätischen, tyrannischen Gott in Erinnerung, den wir, ähnlich wie Bettler, anflehen und dem wir schmeicheln müssen.

Die Seele hat ein Verlangen zu beten. Gott hat uns nicht als Bettler erschaffen, sondern als Seine Ebenbilder. Sowohl die Bibel als auch die heiligen Schriften der Hindus verkünden dies. Ein Bettler, der zum Haus eines Reichen geht und um eine kleine Gabe bittet, empfängt das, was man einem Bettler zuwirft; doch der Sohn kann alles, was er erbittet, von seinem Vater erhalten. Deshalb sollten wir uns nie als Bettler betrachten. Die großen Meister – Christus, Krishna und Buddha – sagten nicht die Unwahrheit, wenn sie behaupteten, wir seien Gott zum Bilde erschaffen.

Und dennoch sehen wir, dass einige Menschen alles haben, dass sie sozusagen mit einem silbernen Löffel im Mund geboren werden, während andere nichts als Niederlagen und Schwierigkeiten er-leben. Wo ist bei ihnen das Ebenbild Gottes? In

jedem von uns liegt die Kraft des GEISTES verborgen, es kommt nur darauf an, sie zu
entwickeln.

Betrachte dich nicht länger als Bettler, sondern als ein Kind Gottes

Das Geheimnis des erfolgreichen Betens liegt darin, dass ihr euch nicht mehr als Bettler betrachtet, sondern als Kinder Gottes. Wenn ihr euch in diesem Bewusstsein an Ihn wendet, besitzt euer Gebet sowohl Kraft als auch Weisheit.

Im Johannesevangelium 1, 12, steht: »Wie viele ihn aber aufnahmen, denen gab er Macht, Gottes Kinder zu werden, die an seinen Namen glauben.« Ein Becher kann den Ozean nicht fassen, es sei denn, er werde entsprechend erweitert, sodass er den Ozean aufnehmen kann. Ähnlich muss auch der Becher menschlicher Konzentration und menschlicher Fähigkeiten erweitert werden, wenn man Gott verstehen will. *Empfänglichkeit* ist eine Fähigkeit, die man durch Selbstvervollkommnung erreicht; sie unterscheidet sich vom bloßen Glauben.

Alle, die wissen, wie man Ihn empfangen kann, und die ihre geistigen Kräfte entfalten, werden die in ihnen schlummernde Göttlichkeit entwickeln. Da wir Kinder Gottes sind, können wir – genau wie Er – Herrschaft über alle Dinge in Seinem Universum erlangen.

—∞—

Wenn wir Gottes Kinder sind, warum erleben wir dann so viel Leid und Kummer?

Wie kommt es, dass so viele unserer Wünsche nicht erfüllt werden und dass so viele von Gottes Kindern schrecklich leiden müssen? Da Gott über alle Voreingenommenheit erhaben ist, würde Er nicht einige Seiner Kinder zu besseren Geschöpfen machen als andere. Ursprünglich erschuf Er alle Seelen gleich – sich selbst zum Bilde. Sie empfingen von Ihm auch die größten Gaben: die Willensfreiheit und die Fähigkeit, vernünftig zu denken und entsprechend zu handeln. Irgendwo und irgendwann in der Vergangenheit haben sie verschiedene Gesetze Gottes übertreten und die entsprechenden gesetzmäßigen Folgen auf sich gezogen.

Der Mensch hat die ihm von Gott verliehene Unabhängigkeit missbraucht und sich Unwissenheit, körperliches Leid, einen vorzeitigen Tod und andere Übel zugezogen. Er erntet das, was er sät. Das Gesetz von Ursache und Wirkung (Karma) regiert jedes Leben.

—〜〜—

Obgleich Gott allmächtig ist, handelt Er nicht gesetzwidrig oder willkürlich, nur weil jemand zu Ihm betet. Er hat dem Menschen Unabhängigkeit verliehen, sodass dieser sich frei entscheiden kann. Gott würde sich selbst widersprechen, wenn Er dem Menschen dessen Schwächen vergäbe, sodass dieser weiterhin falsch handeln könnte, ohne die Folgen seiner Taten zu spüren; es würde bedeuten, dass Er das Gesetz von Ursache und Wirkung, das Er selbst geschaffen hat, missachtet und nach Lust und Laune handelt. Auch kann Gott nicht durch Schmeichelei oder Lob dazu bewogen werden, den unveränderlichen Lauf Seiner Gesetze zu ändern. Müssen wir also ohne die Gnade und das Erbarmen Gottes leben und unseren menschlichen Schwächen hilflos ausgeliefert bleiben? Müssen wir die unvermeidlichen Folgen unseres Handelns erleiden, als sei uns das vom Schicksal vorherbestimmt?

Gewiss nicht! Der Herr ist sowohl Gesetz *als auch* Liebe. Der Wahrheitssucher, der reine Hingabe besitzt, sich vertrauensvoll um die bedingungslose Liebe Gottes bemüht und *außerdem* im Einklang mit dem göttlichen Gesetz handelt, wird mit Sicherheit Gottes fühlbare Nähe spüren und erleben, dass Er ihn läutert und ihm vieles vergibt.

—◠◠◠—

Die göttliche Kraft ist mehr als bereit, euch zu helfen; ihr braucht sie nicht zu überreden. Doch ihr müsst euren Willen einsetzen, um als Seine Kinder fordern zu können, und selbstverständlich müsst ihr euch auch wie Seine Kinder betragen.

—⁓—

Wahre Gottsucher wissen, dass sie Gott zu sich ziehen können, wenn sie Ihn unentwegt anrufen und nie daran zweifeln, dass Er ihnen nahe ist, dass Er regen Anteil an ihrem täglichen Leben und ihren Sorgen nimmt – auch wenn es ihnen noch nicht gelungen ist, ihre schlechten Gewohnheiten abzulegen. Sie wissen, dass bei Gott kein Ding unmöglich ist, dass das höchste Wissen jenseits des Intellektes liegt. Wenn ein solcher Gottsucher Ihn fortwährend um Hilfe anfleht, sich Ihn voller Liebe vergegenwärtigt und an Seine Allgegenwart glaubt, wird der Herr sich ihm auf irgendeine Weise offenbaren. Und wenn er die Offenbarung Seines Lichtes erlebt, wird die

Dunkelheit schlechter Gewohnheiten ganz von selbst weichen und die makellose Seele enthüllen.

—◦◦—

EURE UNSTERBLICHKEIT BLEIBT UNBERÜHRT VON MENSCHLICHEN GEWOHNHEITEN

Wenn ihr Gott eure ganze Hingabe schenkt, könnt ihr Ihn um alles bitten. Jeden Tag stelle ich Ihm neue Fragen, und Er antwortet mir. Er ist nie verletzt, wenn wir Ihn aufrichtig etwas fragen. Manchmal schelte ich Ihn sogar, weil Er diese Schöpfung ins Leben gerufen hat: »Wer muss das Karma all der Übeltaten erleiden, die in diesem Drama geschehen? Du, der Schöpfer, bist frei von allem Karma. Warum hast Du dann uns diesem Elend ausgesetzt?« Ich denke, dass wir Ihm sehr leid tun. Er möchte uns alle zu sich zurückholen, doch ohne unsere Einwilligung und unsere eigenen Bemühungen kann Er das nicht.

—〰—

Was wir selbst getan haben, können wir auch wieder rückgängig machen.

—⁓—

Wovor fürchtet ihr euch? Ihr seid unsterbliche Wesen. Ihr seid weder Männer noch Frauen, auch wenn ihr euch dies vielleicht einbildet, sondern freudige, ewige Seelen. Ihr dürft eure Unsterblichkeit nicht mit euren menschlichen Gewohnheiten gleichsetzen ... Auch wenn ihr schweren Prüfungen ausgesetzt werdet, sagt euch: »Meine Seele ist auferstanden. Meine Widerstandskraft ist größer als all meine Prüfungen, denn ich bin ein Kind Gottes.«

—⁓—

Erlaubt niemandem, euch als Sünder zu bezeichnen. Ihr seid Kinder Gottes, denn Er hat euch Sich zum

Bilde erschaffen. Es ist die größte Sünde gegen euch selbst, dieses Ebenbild zu verleugnen ... Bringt Licht in eine Höhle, die Tausende von Jahren ins Dunkel getaucht war, und die Dunkelheit wird verschwinden, als wäre sie nie gewesen. Ganz ähnlich verhält es sich mit euren Schwächen. Ganz gleich, worin sie bestehen mögen, sobald ihr das Licht der Güte anzündet, gehören sie nicht länger zu euch.

—∿—

Wenn ich sehr große Schwierigkeiten habe, versuche ich zuerst, mich selbst richtig zu verstehen. Ich mache nie die Umstände dafür verantwortlich und versuche nie, andere zu verbessern. Ich gehe zuerst nach innen. Ich versuche die Zitadelle meiner Seele zu reinigen und alles, was der Allmacht und Weisheit der Seele im Wege steht, zu entfernen. Eine solche Lebensweise führt zum Erfolg.

Haltet eure Gedanken immer auf Gott gerichtet. Sein heiliger Name ist die größte Kraft; gleich einem Schild wehrt er alle negativen Schwingungen ab.

Unser Verhältnis zu Gott ist nicht kühl und unpersönlich

Unser Verhältnis zu Gott ist nicht kühl und unpersönlich – so wie es zwischen Arbeitgeber und Arbeitnehmer besteht. Wir sind Seine Kinder. Er *muss* uns anhören! Wir kommen nicht an der Tatsache vorbei, dass wir Seine Kinder sind. Wir sind nicht bloß Geschöpfe, die Er erschaffen hat: Wir sind ein Teil von Ihm. Er hat uns zu Prinzen gemacht, doch wir haben ein Sklavendasein vorgezogen. Er will, dass wir wieder Prinzen werden und in unser Königreich zurückkehren. Doch wer einmal seinem göttlichen Erbteil entsagt hat, kann es nur durch eigene Bemühungen wiedererlangen. Wir sind Ihm zum Bilde geschaffen, doch irgendwie haben wir diese Wahrheit vergessen. Wir sind der Täuschung verfallen, dass wir sterbliche

Wesen seien, und müssen den Schleier der Täuschung mit dem Dolch der Weisheit zerreißen.

—⚬—

Die meisten Weltreligionen beruhen mehr oder
weniger auf dem, was die Menschen *glauben*. Doch
die wahre Grundlage einer Religion sollte aus
einer Wissenschaft bestehen, die alle Wahrheitssucher anwenden können, um zu ihrem ge-
meinsamen Vater, Gott, zu gelangen. Yoga ist diese
Wissenschaft.

—⚬—

Wir sind von Gott herabgestiegen und müssen
wieder zu Ihm aufsteigen. Scheinbar sind wir von
unserem Vater getrennt worden und müssen uns
wieder bewusst mit Ihm vereinigen. Yoga lehrt
uns, die Täuschung, dass wir von Gott getrennt

sind, zu überwinden und unsere Einheit mit dem GEIST zu erkennen. Der Dichter Milton schrieb über die menschliche Seele und wie sie ihr verlorenes Paradies wiedergewinnen kann. Yoga verfolgt genau dasselbe Ziel, nämlich das verlorene Paradies des Seelenbewusstseins wiederzugewinnen und zu erkennen, dass wir eins mit dem GEIST sind und es immer waren.

—ɷ—

Wenn ihr im Bewusstsein Gottes lebt, werdet ihr von den Illusionen des Lebens und des Todes, der Gesundheit und Krankheit geheilt. Seid mit euren Gedanken immer bei Gott. Fühlt Seine Liebe. Fürchtet nichts. Schutz finden wir allein in der festen Burg Gottes. Es gibt keinen freudigeren Zufluchtsort als Seine Gegenwart. Wenn ihr bei Ihm seid, kann euch nichts mehr aus dem Gleichgewicht bringen.

—✦—

Bleibt geborgen in Seiner festen Burg ... Tragt den Himmel im eigenen Herzen.

—✦—

Die richtige Art
zu beten

Vielleicht seid ihr früher enttäuscht worden, weil eure Gebete nicht erhört worden sind. Verliert aber nicht den Glauben! Wenn ihr feststellen wollt, ob Gebete erhört werden oder nicht, müsst ihr innerlich von der Kraft des Gebets überzeugt sein.

Eure Gebete sind vielleicht nicht erhört worden, weil ihr die Rolle des Bettlers gewählt habt. Außerdem müsst ihr wissen, was ihr rechtmäßig von eurem Himmlischen Vater erbitten könnt. Wenn ihr z. B. von ganzem Herzen und mit ganzer Kraft darum bittet, über diese Welt zu herrschen, wird euer Gebet sicher nicht erhört; denn allen Gebeten um irdische Dinge sind Grenzen gesetzt, und das muss so sein. Gott wird Seine Gesetze nicht brechen, um unsere launischen Wünsche zu befriedigen. Aber es gibt eine richtige Art zu beten.

—∿—

Wir müssen Gott liebevoll Forderungen stellen – und zwar als Seine Kinder, nicht als Bettler. Jedes Bettelgebet, mag es noch so aufrichtig sein, begrenzt die Seele. Als Kinder Gottes müssen wir daran glauben, dass wir bereits all das *haben,* was der Vater hat. Das ist unser Geburtsrecht. Jesus hatte diese Wahrheit erkannt: »Ich und der Vater sind eins.« Deshalb besaß er – ebenso wie sein Vater – Herrschaft über alle Dinge. Die meisten von uns beten und betteln, ohne uns zuerst geistig überzeugt zu haben, worin unser göttliches Geburtsrecht besteht; und so fallen wir unter das Gesetz der Bettler. Wir brauchen nicht zu betteln, wir können von unserem Vater das *zurückfordern,* was wir in unserer menschlichen Vorstellung verloren glaubten.

Es ist an der Zeit, die jahrhundertealte falsche Meinung aufzugeben, dass wir schwächliche menschliche Wesen seien.

—∿∿∿—

ERKENNE DICH ALS EINE SEELE,
ALS EIN KIND GOTTES

Durch tiefe Meditation erkennt ihr, dass ihr Seelen seid, Kinder Gottes, die Ihm zum Bilde erschaffen wurden.

—⁂—

Ihr lebt in einer Art Wahn, wenn ihr euch für arme Sterbliche haltet ... Jeden Tag solltet ihr still in euch gehen und euch mit tiefer Überzeugung sagen: »Nicht Tod, nicht Geburt, nicht Kaste kenn' ich; Vater, Mutter habe ich nicht. Ich bin GEIST, ich bin Er. Ich bin unendliche Glückseligkeit!« Wenn ihr diese Gedanken Tag und Nacht wiederholt, werdet ihr schließlich erkennen, was ihr in Wirklichkeit seid: eine unsterbliche Seele!

BESTÄTIGE DIR, WAS DU BIST

Verhalte dich nicht wie ein unterwürfiges sterbliches Wesen. Du bist Gottes Kind!

—〰—

Rufe dir in Erinnerung, was Jesus sagte: »Ich und der Vater sind eins.«

—〰—

Göttliche Selbstbesinnung ist der einfachste Weg, mit Gott in Verbindung zu treten. Wer wünscht, dass seine Gebete erhört werden, braucht sich innerlich nur immer wieder zu bestätigen, dass er seinem Wesen nach GEIST ist. Heilige aller Zeitalter haben sich nach diesem Gesetz gerichtet.

Christus vermittelte uns aus eigenem tiefem Erleben folgende herrliche Gewissheit:

»So ihr Glauben haben werdet und nicht zweifelt ..., so ihr werdet sagen zu diesem Berge: Hebe dich auf und wirf dich ins Meer, so wird's geschehen. Und alles, was ihr bittet im Gebet, so ihr glaubet, werdet ihr's empfangen.«

»ICH GLAUBE DOCH AN GOTT; WARUM HILFT ER MIR DANN NICHT?«

An Gott glauben und auf Gott vertrauen, ist zweierlei. Der Glaube ist wertlos, wenn man nicht versucht, ihn im täglichen Leben zu erproben und danach zu leben. Wenn der Glaube zu wahrem Erleben wird, gewinnt man auch Vertrauen. Deshalb erklärte der Prophet Maleachi: »... und prüft mich hiermit, spricht der Herr Zebaoth, ob ich euch nicht des Himmels Fenster auftun werde und Segen herabschütten die Fülle.«

—⟶⟵—

Die Seele trägt den Glauben – oder das intuitive Erfassen aller Wahrheit – bereits in sich. Der

Glaube erweckt Hoffnung in den Menschen und den Wunsch, etwas zustande zu bringen ... Der Durchschnittsmensch weiß so gut wie gar nichts über diesen intuitiven Glauben, der in der Seele schlummert und die geheime Quelle unserer kühnsten Hoffnungen ist.

—⁂—

Glaube bedeutet daher, dass wir aus tiefster Überzeugung wissen: Gott hat uns als Seine Ebenbilder erschaffen. Wenn wir uns innerlich ganz auf Sein Bewusstsein eingestellt haben, können auch wir Welten erschaffen. Vergesst nie, dass in eurem Willen die allmächtige Kraft Gottes liegt. Wenn ihr mit großen Widerwärtigkeiten zu kämpfen habt, euch aber dennoch weigert aufzugeben, wenn ihr innerlich fest entschlossen seid, werdet ihr Antwort von Gott erhalten.

———ᛘᛘ———

Der Glaube muss gepflegt – oder besser: in uns entdeckt werden. Er ist vorhanden, doch wir müssen ihn selbst erwecken. Wenn ihr euer Leben überdenkt, werdet ihr erkennen, wie vielfältig Gott darin wirkt, und das wird euren Glauben stärken. Nur wenige Menschen suchen nach Seiner verborgenen Hand. Die meisten halten die Ereignisse des Lebens für naturgegeben und unumgänglich und ahnen nicht, welch tiefgreifende Veränderungen durch das Gebet möglich sind.

———ᛘᛘ———

VERTRAUEN RUFT GEWISS DIE GÖTTLICHE ANTWORT HERVOR

Gott antwortet, wenn ihr inständig, vertrauensvoll und fest entschlossen zu Ihm betet. Manchmal antwortet Er dadurch, dass Er einem anderen Menschen einen entsprechenden Gedanken eingibt, sodass dieser euren Wunsch erfüllt oder euch das Nötige beschafft; diese Person dient dann als Gottes Werkzeug, welches das gewünschte Ergebnis herbeiführt.

Ihr wisst gar nicht, wie wunderbar diese große Kraft wirkt. Sie arbeitet mit mathematischer Genauigkeit. Da gibt es kein »Wenn« und »Aber«. Und das ist mit dem Wort »Glaube« in der Bibel gemeint; er ist der *Beweis* für das, was man nicht sieht.

—⁓—

MACHT AUS EUREN GEISTIGEN ÜBERZEUGUNGEN ECHTE ERFAHRUNGEN

Die Geschichte der Religion ist an einen Punkt gelangt, wo sehr wenige versuchen, ihre Gedanken über geistige Dinge zu eigenen Erfahrungen zu machen ... Die meisten Menschen werden leicht selbstzufrieden, wenn sie in Büchern etwas über die Wahrheit erfahren, obwohl sie diese nie selbst erlebt haben.

—◦◦◦—

Wenn ihr versucht, eure geistigen Überzeugungen in Erfahrungen umzusetzen, tut sich euch eine neue Welt auf. Wiegt euch nicht in der falschen Sicherheit, dass ihr nur aufgrund eurer Kirchenzugehörigkeit erlöst werdet. Ihr müsst euch selbst um

Gott bemühen. Innerlich seid ihr vielleicht zufrieden, weil ihr euch für sehr religiös haltet; doch bevor ihr nicht bewusst erlebt habt, dass eure Gebete erhört werden, kann keine offizielle Religionszugehörigkeit euch erlösen. Was hilft es einem, zu Gott zu beten, wenn Er nicht antwortet? Zwar ist es schwer, Antwort von Ihm zu erhalten, aber es ist möglich. Um euch euren Platz im Himmel zu sichern, müsst ihr die Kraft eurer Gebete auf die Probe stellen, bis sie wirksam werden.

—⁂—

Stellt die Kraft eurer Gebete auf die Probe

Einige werden jetzt vielleicht einwenden: »Ich weiß, dass Gott meine Gebete erhört, denn ich höre Ihn zu mir sprechen. Ich habe Beweise für die Kraft meines Gebets.« Seid ihr euch wirklich sicher, dass eure Gebete Gott erreicht haben und Er euch bewusst geantwortet hat? Worin besteht dieser Beweis? Wenn ihr z. B. um Heilung betet und gesund werdet, wisst ihr dann, ob die Heilung auf natürliche Weise oder durch irgendein Medikament oder durch euer eigenes Gebet oder durch das Gebet eines andern erfolgt ist? Manchmal besteht keine Beziehung zwischen eurem Gebet und eurer Heilung. Ihr wäret auch dann geheilt worden, wenn ihr nicht gebetet hättet. Wir müssen also feststellen, ob wir wirklich imstande sind, das Gesetz von Ursache und Wirkung durch unser Beten wissenschaftlich anzuwenden. Die indischen Weisen erkannten, dass Gott auf Gesetze anspricht. Sie haben Antwort von Ihm erhalten und behaupten, dass alle Menschen, welche die göttlichen Gesetze befolgen, dies an sich selbst erfahren können.

Wenn sich die Wissenschaftler lediglich versammelten und darum beteten, Erfindungen machen zu können, würde dies geschehen? Nein. Sie müssen Gottes Gesetz anwenden. Wie kann euch also eine Kirche oder ein Tempel Gott vermitteln, wenn ihr nur blind betet oder Zeremonien vollzieht?

Man kann Gott nicht durch Geschenke oder Buß–
übungen oder besondere Zeremonien »bestechen«,
damit Er Seine Gesetze willkürlich ändere; auch
reagiert Er nicht auf blindes Beten und zieht nie–
manden vor. Er lässt sich nur durch Liebe oder
das Befolgen Seiner Gesetze bewegen. Liebe *ist*
Gesetz. Wenn der Mensch die Fenster seines
Lebens auf unbegrenzte Zeit verschlossen hält,
können Gottes Strahlen der Gesundheit, Kraft und
Weisheit nicht Einlass finden. Dann muss er selbst
die nötigen Anstrengungen machen, diese Fenster
wieder zu öffnen und das heilende Licht des Herrn
einzulassen, das Dieser schon für ihn bereithält.

Wir müssen jeden Tag daran denken, darüber
meditieren, uns bestätigen, glauben und erkennen,
dass wir Kinder Gottes sind – und uns ent–
sprechend verhalten! Es mag einige Zeit dauern,

bis wir diese Erkenntnis gewonnen haben, aber wir müssen mit der richtigen Methode beginnen, anstatt auf unwissenschaftliche Weise zu beten und zu betteln und dann dem Unglauben, dem Zweifel und dem irreführenden Aberglauben zu verfallen. Erst wenn sich das schlafende Ego nicht mehr als Körper betrachtet, sondern als eine freie Seele oder ein Kind Gottes, das einen Körper hat und durch ihn wirkt, hat es dem Gesetz Genüge getan und kann sein göttliches Recht fordern.

TEIL

II

Das wahre Gebet beginnt
mit innerer Konzentration

—ww—

Vergiss nicht, dass Gott in deinem Innern wohnt

Lebe immer im Bewusstsein der Nähe Gottes.

—◠◠—

Gott scheint dir nur deshalb so fern, weil du deine Aufmerksamkeit nach außen auf Seine Schöpfung richtest und nicht nach innen auf Ihn. Immer wenn sich dein Geist im Irrgarten zahlloser weltlicher Gedanken verliert, hole ihn geduldig zurück, damit er sich an den Gott erinnert, der in dir selber wohnt. Mit der Zeit wirst du erkennen, dass Er dir immer nahe ist – ein Gott, der in deiner eigenen Sprache zu dir spricht, ein Gott, dessen Antlitz dir aus jeder Blume, jedem Busch und jedem Grashalm entgegenblickt. Dann wirst du sagen:

»Ich bin frei! Ich bin in das durchsichtige Gewand des GEISTES gehüllt; ich fliege auf Schwingen des Lichts von der Erde zum Himmel!« Und welche Freude wird dann dein Herz überfluten!

—∞—

Göttlicher GEIST, segne uns, damit wir Dich ständig im Herzen tragen. Welche Worte auch über unsere Lippen kommen, unsere Herzen werden stets Deinen Namen wiederholen.

—∞—

Einst hörte ich während der Meditation Seine Stimme, die mir zuflüsterte: »Du sagst, dass Ich in weiter Ferne bin, aber du bist nicht nach innen getaucht. Darum sagst du, dass Ich abwesend sei. Ich bin immer da. Komm herein, dann wirst du

Mich sehen. Ich bin immer hier und warte nur darauf, dich willkommen zu heißen.«

—∿∿—

»Wenn du aber betest, so gehe in dein Kämmerlein«

Das Sanskritwort für Glauben ist wunderbar ausdrucksvoll. Es heißt *Vishvas*. Die allgemeine wörtliche Übertragung »leicht atmen; Vertrauen haben; frei von Furcht sein« vermittelt nicht den ganzen Sinn. Das Sanskritwort *Shvas* bezieht sich auf den Atemvorgang und bedeutet daher Leben und Gefühl. *Vi* bedeutet »gegenteilig; außerhalb«. Das heißt, dass derjenige, dessen Atem, Leben und Gefühle ruhig sind, intuitiven Glauben besitzt. Menschen, deren Gefühle ruhelos sind, besitzen ihn nicht. Um den Zustand intuitiver Ruhe zu erlangen, muss man sich innerlich vervollkommnen. Wenn man sich entsprechend entwickelt hat, vermittelt einem die Intuition ein sofortiges Erkennen der Wahrheit. Auch ihr könnt diese wunderbare

Erfahrung machen. Die Meditation wird euch dazu verhelfen.

Meditiert mit Geduld und Ausdauer. Durch eure ständig zunehmende Ruhe wird sich euch das seelische Reich der Intuition offenbaren. In allen Zeitaltern haben stets diejenigen Erleuchtung erlangt, die sich diese innere Welt der Gottverbundenheit erschlossen haben. Jesus sprach: »Wenn du aber betest, so gehe in dein Kämmerlein und schließ die Tür zu und bete zu deinem Vater im Verborgenen; und dein Vater, der in das Verborgene sieht, wird dir's vergelten öffentlich.« Versenkt euch in euer wahres Selbst und schließt die Türen der Sinne zu, sodass die ruhelose Welt nicht mehr eindringen kann; dann wird Gott euch all Seine Wunder offenbaren.

—〰—

Wie haben die Heiligen Gott zuerst gefunden?

Nun erhebt sich die Frage, wie die ersten Wahrheitssucher Ihn fanden. Der erste Schritt bestand darin, dass sie die Augen schlossen, um die unmittelbare Verbindung mit der Welt der Materie abzubrechen und sich besser auf die dahinter liegende Intelligenz zu konzentrieren. Sie waren zu dem Schluss gekommen, dass sie Gottes Gegenwart in der Natur nicht durch die gewöhnlichen Wahrnehmungen der fünf Sinne erkennen konnten. Deshalb versuchten sie, Ihn durch immer tiefere Konzentration im eigenen Innern zu fühlen. Schließlich entdeckten sie, wie man die fünf Sinne abschalten und wenigstens zeitweise über das Bewusstsein der Materie hinausgelangen kann. Da begann sich ihnen die innere Welt des Geistes aufzutun. Jenen großen Weisen des alten Indien, die ihre Suche unentwegt fortsetzten, hat Gott sich schließlich offenbart. So haben die Heiligen ihre Vorstellungen von Gott allmählich in echte Wahr- nehmungen verwandelt. Genau das müsst auch ihr tun, wenn ihr Ihn erkennen wollt.

Sobald du schweigst, bricht Gott sein Schweigen

Empfindungen, die durch die Sinnesnerven eindringen, überschwemmen den menschlichen Geist
mit Myriaden turbulenter Gedanken, sodass die
ganze Aufmerksamkeit auf die Sinne gerichtet
bleibt. Gottes Stimme aber ist das Schweigen. Erst
wenn die Gedanken verstummen, kann man die
Stimme Gottes vernehmen, die sich im Schweigen
der Intuition offenbart. Auf diese Weise verschafft
Gott sich Ausdruck. Sobald ihr schweigt, bricht
Gott Sein Schweigen. Er spricht zu euch durch
eure Intuition. Der Wahrheitssucher, dessen Bewusstsein nach innen gerichtet und mit Gott ver-
eint ist, braucht keine hörbare Antwort von Ihm;
Gottes Stimme offenbart sich ihm in seinen intuitiven Gedanken und wahren Visionen. Und diese

sind kein Produkt der gereizten Sinne, sondern des Schweigens – wenn sich der Sucher auf die schweigende Stimme Gottes eingestellt hat.

Gott ist allezeit bei uns gewesen und hat zu uns gesprochen; doch Seine schweigende Stimme ist vom Lärm unserer Gedanken erstickt worden. »Du hast mich immer geliebt, aber ich habe Dich nicht gehört.« Er war uns immer nahe; wir sind es, die sich von Seinem Bewusstsein entfernt haben.

Obwohl wir so gleichgültig sind und den Sinnenfreuden nachjagen, liebt Gott uns dennoch und wird es immer tun. Um dies erkennen zu können, müssen wir unsere Gedanken von den Sinnesempfindungen zurückziehen und innerlich still werden. Die Gedanken beruhigen, bedeutet, sie auf Gott einzustellen. Dann erst beginnt das wahre Gebet.

—ᴡᴡ—

WENN DU BETEST, DENKE AN NICHTS ANDERES ALS AN DEN GÖTTLICHEN GEIST

Wenn wir beten, müssen wir unsere Gedanken so konzentriert wie möglich auf Gott richten und nicht nur »Gott, Gott, Gott« sagen und an etwas ganz anderes denken. Eine meiner Tanten hatte die Gewohnheit, ihre Gebete an einer Perlenschnur abzuzählen. Fast unaufhörlich waren ihre Finger mit der Gebetskette beschäftigt. Eines Tages jedoch kam sie zu mir und gestand, dass Gott ihre Gebete nie erhört habe, obgleich sie nun schon vierzig Jahre lang bete. Kein Wunder! Ihre »Gebete« waren nicht viel mehr als eine nervöse körperliche Angewohnheit. Wenn ihr betet, denkt an nichts anderes als an den GEIST.

—⁓—

Wenn man seine Forderungen oder Bestätigungen nur gedankenlos – ohne spontane Hingabe oder Liebe – wiederholt, ist man nichts weiter als ein »betendes Grammofon«, das nicht weiß, was das Gebet bedeutet. Wer die Gebete nur mechanisch ausspricht, während er an etwas ganz anderes denkt, erhält keine Antwort von Gott. Eine gedankenlose Wiederholung des Namens Gottes führt zu nichts. Wiederholt man dagegen ein Gebet oder eine Forderung immer wieder, entweder laut oder in Gedanken, während sich die Aufmerksamkeit und Hingabe vertieft, wird das Gebet vergeistigt und das Bewusstsein verwandelt, sodass die überzeugte Wiederholung zu einer überbewussten Erfahrung wird.

—⁓—

WELCHES GEBET ZIEHT DEN GÖTTLICHEN GELIEBTEN AM SCHNELLSTEN AN?

Gib Gott die Edelsteine des Gebets, die im tiefsten Schacht deines eigenen Herzens liegen.

—✺—

Wenn man mit seiner Geliebten zusammenkommt, sollte man sich nicht auf ein Buch verlassen, das von Liebe handelt, sondern aus tiefstem Herzen zu ihr sprechen. Wer sich an Gott wendet und dabei Worte der Liebe benutzt, die andere gesprochen haben, muss sich diese vorher zu eigen gemacht haben; er muss sie vollkommen verstehen, über ihre Bedeutung nachdenken und sie dann mit voller Konzentration und Liebe aussprechen. Es ist ja nicht falsch, wenn ein Liebhaber seine Geliebte mit den Worten eines großen Dichters anredet und diese Worte durch seine eigenen Liebesgefühle lebendig macht.

LIEBE GOTT
VON
GANZEM HERZEN ...

Die höchsten Gebote, die dem Menschen gegeben worden sind, lauten: Gott von ganzem Herzen, von ganzer Seele, von ganzem Gemüt und mit aller Kraft zu lieben, und zweitens, seinen Nächsten so zu lieben, wie sich selbst. Wenn ihr diese befolgt, wird sich alles andere von selbst ergeben, und zwar auf die richtige Weise. Es genügt nicht, bloß ein streng sittliches Leben zu führen; Steine und Ziegen übertreten auch keine sittlichen Gesetze, dennoch kennen sie Gott nicht. Doch wenn ihr Gott innig liebt, auch wenn ihr zu den größten Sündern gehört, werdet ihr verwandelt und erlöst. Die große Heilige Mirabai sagte: »Der Herr ist nur zu finden, wenn man Ihm eines schenkt: seine ganze Liebe.« Diese Wahrheit hat mich tief berührt.

Alle Propheten halten sich an diese beiden wichtigsten Gebote. Gott von ganzem Herzen zu lieben, bedeutet, Ihn so zu lieben wie den Menschen, der einem am nächsten steht – mit der Liebe der Mutter oder des Vaters zum Kind, oder des Liebenden zur Geliebten. Schenkt Gott diese bedingungslose Liebe. Gott von ganzer Seele zu lieben, bedeutet, dass ihr Ihn erst dann wirklich lieben könnt, wenn ihr euch durch tiefe Meditation als Seelen, als Kinder Gottes erkennt, die nach Seinem Bilde geschaffen wurden. Gott von ganzem Gemüt zu lieben, bedeutet, dass ihr beim Beten eure ganze Aufmerksamkeit auf Ihn richten müsst und durch keine ruhelosen Gedanken abgelenkt werden dürft. Während der Meditation sollt ihr nur an Gott denken und den Geist nicht zu allen möglichen Dingen wandern lassen, die nichts mit Gott zu tun haben. Darum ist der Yoga so wichtig;

er verhilft euch dazu, euch zu konzentrieren. Wenn ihr mit Hilfe des Yoga die ruhelose Lebenskraft von den Sinnen zurückzieht und euch innerlich nur auf Gott konzentriert, dann liebt ihr Ihn mit all eurer Kraft – dann ist euer ganzes Wesen in Ihm aufgegangen.

—∿—

WAS ABER, WENN MAN NICHTS FÜR GOTT EMPFINDET?

Wenn du nur schweigend dasitzt und Hingabe zu fühlen versuchst, kommst du nicht viel weiter. Deshalb lehre ich wissenschaftliche Meditationstechniken. Übe sie, dann wirst du deinen Geist von den ablenkenden Sinneseindrücken und dem unaufhörlichen Strom der Gedanken abschalten können. Der *Kriya-Yoga*[2] hebt das Bewusstsein auf eine höhere Ebene, sodass Hingabe an den unendlichen GEIST ganz von selbst im menschlichen Herzen erwacht.

—⟋∭⟍—

---

[2] Eine fortschrittliche geistige Wissenschaft, die vor Jahrtausenden in Indien entstanden ist und zum Gotteserleben im eigenen Innern führt. Sie wird in den von Paramahansa Yogananda verfassten *Lehrbriefen der Self-Realization Fellowship* beschrieben. *(Anmerkung des Herausgebers)*`

WENN ALLE BEWEGUNG AUFHÖRT, BEGINNT MAN GOTT WAHRZUNEHMEN

Lernt, körperlich und geistig still zu werden, denn wo die Bewegung aufhört, beginnt man Gott wahrzunehmen.

—⟡—

Wenn euch das Meditieren Schwierigkeiten bereitet, so deshalb, weil ihr euch nicht lange genug bemüht, um Ergebnisse zu erlangen. Deshalb habt ihr auch keine Vorstellung von der Kraft eines voll konzentrierten Geistes. Wenn ihr schlammiges Wasser längere Zeit still stehen lasst, setzt sich der Schlamm am Boden nieder, und das Wasser wird klar. Ähnlich ist es, wenn sich in der Meditation der Schlamm eurer ruhelosen

Gedanken zu setzen beginnt; dann spiegelt sich allmählich Gottes Kraft im klaren Wasser eurer Konzentration wider.

—◆—

Im bewegten Wasser sieht man die Widerspiegelung des Mondes nur undeutlich; sobald aber die Wasseroberfläche ruhig geworden ist, spiegelt sich das Bild des Mondes vollkommen darin wider. So ist es auch mit dem menschlichen Geist: Wenn er ruhig ist, seht ihr das leuchtende Antlitz eurer Seele darin widergespiegelt. Alle Seelen sind Widerspiegelungen Gottes. Wenn wir mit Hilfe der Meditationstechniken die ruhelosen Gedanken im See unseres Geistes stillen, schauen wir unsere Seele, die vollkommene Widerspiegelung des GEISTES; und dann wissen wir, dass Seele und Gott eins sind.

—◆—

LERNE DIE
WISSENSCHAFTLICHE METHODE,
DEINE GEBETE ZU SENDEN
UND GOTTES ANTWORT
ZU EMPFANGEN

So wie ein defektes Mikrofon keine Botschaften übertragen kann, so kann auch ein ruheloser Geist keine Gebete an Gott weiterleiten.

—⁂—

Repariere dein geistiges Mikrofon, indem du die Meditationstechniken richtig übst. Wenn du innerlich ruhig bist, funktioniert dein geistiges Mikrofon; das ist die beste Zeit, deine erste und wichtigste liebevolle Forderung zu stellen: »Vater, lass mich wieder fühlen, dass Du und ich eins sind.«

Dann wiederhole zuerst laut, danach flüsternd und schließlich nur noch in Gedanken: »Vater, Du und ich, wir sind eins.«

—⚬—

Wenn Gott nicht gleich antwortet, gib nicht nach ein oder zwei Versuchen auf. Du kannst keine Antwort von jemand erwarten, wenn du einfach in ein Mikrofon hineinsprichst und dann weg-läufst. Gib deine Versuche also nicht nach ein oder zwei geistigen Botschaften auf; sprich immer wie-der zu Gott — bemühe dich mit bewusstem Eifer und stets anwachsender Sehnsucht.

—⚬—

Bete mit Verstand und großem seelischem Ver-langen — nicht laut, sondern in Gedanken —, ohne andere wissen zu lassen, was in dir vorgeht. Bete mit tiefster Hingabe und im Bewusstsein, dass Gott alle aufrichtigen Worte deines Herzens hört.

—⟋⟍—

Lass dich nicht entmutigen, wenn du Gott trotz wiederholter Versuche nicht schauen kannst oder wenn Er deinem Herzen noch nicht nähergekommen ist. Lange Zeit bist du vor Ihm davongelaufen und hast dich im Sumpf der Sinne versteckt. Wenn du Seinen Ruf noch nicht vernommen hast, so liegt das am Lärm deiner ungezügelten Leidenschaften und deiner schweren Schritte, mit denen du in die Welt der Materie entfliehst. Halte inne und werde ruhig! Bete unentwegt, dann wirst du in deinem tiefen Schweigen die Göttliche Gegenwart fühlen.

—⟋⟍—

Wenn du eine überwältigende Freude im Herzen aufsteigen fühlst, die sich über den ganzen Körper ausbreitet, und wenn diese Freude auch nach der Meditation ständig zunimmt, hast du den sichersten Beweis dafür erhalten, dass Gott dir durch das Radio deines hingebungsvollen Herzens antwortet. Das Herz ist das Zentrum des Gefühls und der Geist das Zentrum der Vernunft; beide müssen voll konzentriert sein, wenn deine ausgesandte geistige Botschaft Gott erreichen soll und wenn du Antwort von Ihm erhalten willst.

Je länger und tiefer du meditierst und zu Ihm betest, umso mehr wirst du eine ständig anwachsende Freude im Herzen fühlen. Dann wirst du ohne Zweifel wissen, dass es einen Gott gibt und dass Er ewig bestehende, ewig bewusste, allgegenwärtige, ewig neue Freude ist. Das ist die richtige Zeit, Ihn zu bitten: »Vater, jetzt, heute, jeden Tag, jeden Morgen, jeden Augenblick, im Schlafen und Wachen, im Leben und im Tod, in dieser Welt und im Jenseits, antworte mir immer durch die Freude meines Herzens und lass mich Deine Nähe fühlen.«

Nachdem du gebetet und deine Weisheit und Unterscheidungskraft zu Rate gezogen hast, bitte ihn um Heilung für den Körper, um finanziellen Beistand oder um das, was du aufgrund deines Urteilsvermögens als nötig erachtest.

Bete so lange, bis Er dir durch ein Gefühl grenzenloser innerer Freude antwortet – einer Freude, die jede Körperzelle und jeden Gedanken erzittern lässt –, oder bis Er dir durch eine wahre Vision zeigt, was du tun sollst. Bete unaufhörlich, bis du sicher bist, Gott erreicht zu haben; dann fordere von deinem Himmlischen Vater, was dein göttliches Geburtsrecht ist, d. h., was du körperlich, geistig oder seelisch brauchst.

T E I L

III

Du musst wissen,
worum du beten sollst

Was ist das beste Gebet?

Sprich zu Gott: »Sag mir, was Dein Wille ist.«
Bete nicht: »Ich möchte dies oder das haben«,
sondern vertraue darauf, dass Er weiß, was du
brauchst. Du wirst erleben, dass du viel bessere
Dinge erhältst, wenn Er die Wahl für dich trifft.

Prüft euch ehrlich, ob euer Gebet gerechtfertigt
ist. Bittet Gott nicht um Dinge, die außerhalb des
natürlichen Bereichs der Möglichkeiten liegen.
Bittet Ihn nur um das, was ihr wirklich braucht.
Und unterscheidet auch zwischen »nötigen Notwendigkeiten« und »unnötigen Notwendigkeiten«
... Macht euch frei von allem Verlangen nach unnötigen Dingen. Konzentriert euch auf das, was

ihr wirklich braucht. Was ihr am meisten braucht, ist Gott. Er wird nicht nur für eure »nötigen«, sondern auch für eure »unnötigen Notwendigkeiten« sorgen. Sobald ihr eins mit Ihm seid, wird Er euch jeden Wunsch erfüllen. Eure kühnsten Träume werden sich erfüllen.

—⁓—

Was ihr wirklich im Leben braucht, sind die Dinge, die euch helfen, eure wahre Bestimmung zu finden. Andere Dinge, die ihr zwar *gern hättet,* aber nicht eigentlich *braucht,* lenken euch bloß vom Ziel ab. Nur wenn ihr darauf achtet, dass alles, was ihr tut, diesem höchsten Ziele dient, werdet ihr Erfolg haben. Fragt euch zunächst, ob das Ziel, das ihr euch gesteckt habt, tatsächlich Erfolg bedeutet. Was *ist* Erfolg? Wenn ihr gesund und reich seid, aber mit allen Leuten (und auch mit euch selbst) Ärger habt, kann euer Leben keineswegs erfolgreich genannt werden. Euer ganzes Dasein ist sinnlos, wenn es euch nicht gelingt, glücklich zu werden. Wenn ihr materielle Dinge verliert, habt ihr wenig verloren. Wenn ihr eure Gesundheit verliert, habt ihr etwas weit Wertvolleres verloren. Wenn ihr aber euren inneren Frieden verliert, habt ihr das Allerkostbarste verloren.

JE MEHR DU DICH AUF ÄUSSERLICHKEITEN KONZENTRIERST, UMSO UNGLÜCKLICHER WIRST DU

Ein Maulesel, der einen Sack Gold auf seinem Rücken trägt, weiß nichts von dem Wert seiner Last. So geht es auch dem Menschen, der die Lasten des Lebens mit sich herumschleppt und darauf hofft, dass er am Ende des Weges ein wenig Glück findet; er ahnt nicht, dass er die höchste und immerwährende Glückseligkeit der Seele in seinem eigenen Innern trägt. Er sucht das Glück in äußeren Dingen und weiß deshalb nicht, welchen Reichtum an Glück er bereits besitzt.

—

DU BRAUCHST DIR GOTT NICHT
ERST ZU VERDIENEN

Nach einiger Zeit wird aller irdische Luxus zum Ballast und ist kein Vergnügen mehr, denn ihr stellt fest, dass es viel Arbeit kostet, das Erworbene instand zu halten. Für alles, was ihr bekommt, müsst ihr etwas »zahlen«, nur für die göttliche Seligkeit nicht. Um diese zu erlangen, braucht ihr nur stillzusitzen und euren Himmlischen Vater darum zu bitten. Wenn ich wüsste, dass ich mir Gott erst verdienen müsste, würde ich es gar nicht versuchen; doch als Sein Sohn habe ich ein Recht darauf, Ihn zu kennen. Wenn ihr euren Vater um das bittet, was euch zusteht, wird Er es euch geben. Er kommt zu denen, die Ihn ständig drängen. Denn das ist es, worauf Er wartet.

»ERHALTE MICH NACH DEINEM WILLEN«

Wir können dem Herrn ruhig sagen, was wir uns wünschen, aber es zeugt von größerem Glauben, wenn wir einfach sagen: »Himmlischer Vater, Du weißt genau, was ich brauche. Erhalte mich nach Deinem Willen.« Wenn sich jemand brennend ein Auto wünscht und eindringlich genug darum betet, wird er es schließlich bekommen. Aber der Besitz eines Autos mag nicht das Beste für ihn sein. Manchmal schlägt uns der Herr kleine Bitten ab, weil Er uns etwas Besseres geben will. Vertraue mehr auf Gott. Glaube daran, dass Er, der dich geschaffen hat, auch für dich sorgen wird.

—⚬—

Es ist tatsächlich so, dass eure dringendsten Gebete und Wünsche manchmal eure größten Feinde sind. Sprecht aufrichtig und vernünftig zu Gott und lasst Ihn entscheiden, was am besten für euch ist. Wenn ihr empfänglich seid, wird Er euch leiten und euch beistehen. Auch wenn ihr Fehler begeht, braucht ihr nicht ängstlich zu werden. Habt Vertrauen und seid gewiss, dass Gott bei euch ist. Lasst euch in allen Dingen von dieser Kraft leiten. Sie ist unfehlbar.

—⟋⟋⟍—

Bitte Gott um seine Führung

Die beste Zeit, zu Gott zu beten, ist nach der Meditation, denn dann seid ihr innerlich friedlich und glücklich und habt die Verbindung zu Ihm schon hergestellt. Wenn ihr meint, dass ihr etwas braucht, übergebt die Angelegenheit Gott und fragt Ihn, ob euer Gebet berechtigt sei. Wenn ihr dann innerlich fühlt, dass ihr wirklich etwas braucht, betet: »Herr, Du weißt, dass ich dies nötig habe. Ich will meine Vernunft gebrauchen, ich will kreativ sein, ich will alles Erforderliche tun. Ich bitte Dich nur um eins: Leite Du meinen Willen und meine schöpferischen Fähigkeiten, damit ich das Richtige tue.«

—ᴍ—

LASS DICH INNERLICH
VON IHM FÜHREN

Geht zu Gott; betet inständig zu Ihm, bis Er euch
zeigt, wie Seine Gesetze arbeiten, und euch richtig
leitet. Vergesst eines nicht: Statt sich unzählige
Gedanken zu machen, ist es besser, wenn ihr euch
still hinsetzt und über Gott meditiert, bis ihr inneren Frieden fühlt. Sagt dem Herrn: »Ich kann
mein Problem allein nicht lösen, auch nicht mit
endlosen Überlegungen; aber ich kann es lösen,
wenn ich es in Deine Hände lege, wenn ich vor
allem um Deine Führung bitte und mir dann die
verschiedenen Möglichkeiten für eine Lösung
durch den Kopf gehen lasse.« Gott hilft denen, die
sich selbst helfen. Nachdem ihr in der Meditation
zu Gott gebetet habt und eure Gedanken sich be-
ruhigt haben und wenn ihr voller Vertrauen seid,

werden euch verschiedene Lösungen der Probleme einfallen; mit ruhigem Geist seid ihr in der Lage, euch die beste davon auszusuchen. Handelt entsprechend, dann werdet ihr Erfolg haben. Auf diese Weise lässt sich die Wissenschaft der Religion im täglichen Leben anwenden.

»Trachtet am ersten nach dem Reich Gottes ..., so wird euch solches alles zufallen«

Die meisten Menschen meinen, wenn sie erst einmal Wohlstand und materielle Sicherheit erlangt hätten, könnten sie immer noch an Gott denken. Doch ein solcher Aufschub führt zu einem endlosen, höchst unbefriedigenden Kreislauf. Man muss zuerst Gott finden. Ihn brauchen wir mehr als alles andere, denn Er ist die nie versiegende Quelle des Glücks und der Sicherheit. Wenn du nur einmal Seine Gegenwart gefühlt hast, weißt du auch, was wahres Glück ist. Wenn du nur einmal wirklich Verbindung mit Gott erhalten hast, wirst du wissen, dass dir das ganze Universum zu Füßen liegt, sobald du Ihn erobert hast. Es ist Gott, der für dich sorgt; Er muss dir immer zur Seite stehen.

Wenn ihr in tiefer Meditation an Gott denkt, wenn ihr Ihn von ganzem Herzen liebt, in Seiner Gegenwart vollkommenen Frieden fühlt und gar keine Wünsche mehr habt, dann wird der göttliche Magnetismus alles, was ihr euch je erträumt habt, für euch herbeischaffen, und noch viel mehr. Auf allen Gebieten meines Lebens habe ich diese Wahrheit erfahren: Wer Gott um Seiner selbst willen liebt – nicht, weil Er einem dies oder das schenken kann – und wer ganz und gar von Seinem göttlichen Magnetismus angezogen wird, erlebt, dass Seine Kraft auf ihn übergeht, sodass selbst der kleinste Wunsch, den er im Herzen oder in den Gedanken hegt, plötzlich erfüllt wird. Wenn ihr Gott bedingungslos liebt, gibt Er anderen Menschen bestimmte Gedanken ein und macht sie zu

Seinen Werkzeugen, sodass sich selbst eure noch unausgesprochenen Wünsche erfüllen.

—⁓⁓—

Jedes Gebet, das ihr vorbringt, stellt einen Wunsch dar. Doch wenn ihr Gott gefunden habt, schwinden alle Wünsche dahin; dann braucht ihr nicht mehr zu beten. Ich bete nicht. Das mag sich seltsam anhören; doch wenn der Wunschgegenstand, um den ihr betet, schon die ganze Zeit euer eigen ist, habt ihr nicht mehr das Bedürfnis zu beten; wenn euer Wunsch nach Gott erfüllt wird, habt ihr ewige Freude gefunden.

—⁓⁓—

Ich kann euch versichern, dass Gott, und nicht die Menschen, mir all meine Fragen beantwortet hat. Er ist wirklich! Es ist Sein Geist, der durch mich zu euch spricht; es ist Seine Liebe, von der ich euch erzähle. Freude über Freude! Wie eine sanfte Brise weht Seine Liebe über die Seele hin. Tag und Nacht, Woche für Woche, Jahr für Jahr steigert sie sich – es nimmt kein Ende! Und das ist es, was jeder einzelne von euch sucht. Ihr glaubt, dass ihr nach menschlicher Liebe und Reichtum verlangt, doch dahinter befindet sich euer Vater, der ständig nach euch ruft. Sobald ihr erkannt habt, dass Er wichtiger ist als all Seine Gaben, werdet ihr Ihn finden.

—⚬—

IV

Bemühe dich um eine klare Vorstellung von Gott

WENN MAN DIE RICHTIGE METHODE ANWENDET, BRINGT SIE EINEM MATHEMATISCH GENAUE ERGEBNISSE

Wenn man genau weiß, wie und wann man beten soll, je nachdem, was man wirklich braucht, zieht man das gewünschte Ergebnis herbei. Wer die richtige Methode anwendet, setzt die entsprechenden Gesetze Gottes in Bewegung; und diese wissenschaftlich arbeitenden Gesetze führen zu entsprechenden Ergebnissen.

—w—

Zuerst müsst ihr euch Gott innerlich vergegenwärtigen, das heißt, ihr müsst eine bildhafte Vorstellung von Ihm haben, sodass ihr mit Ihm in

Verbindung treten könnt – und dann müsst ihr meditieren und beten, bis diese geistige Vorstellung zur tatsächlichen Wahrnehmung wird.

Was ist Gott?

Gott ist ewige Glückseligkeit. Sein Wesen ist Liebe, Weisheit und Freude. Er ist sowohl überpersönlich als auch persönlich und offenbart sich so, wie es Ihm gefällt. Vor Seinen Heiligen erscheint Er in der Gestalt, die ihnen am teuersten ist: der Christ erblickt Christus, der Hindu Krishna oder die Göttliche Mutter usw. Wer in Gott etwas Überpersönliches verehrt, nimmt Ihn als unendliches Licht oder als den wundersamen OM-Laut, das Urwort, den Heiligen Geist wahr. Die höchste Erfahrung, die dem Menschen zuteilwerden kann, besteht in jener Seligkeit, die alle anderen Ausdrucksformen Gottes – Liebe, Weisheit, Unsterblichkeit – voll und ganz einschließt. Aber wie kann ich dir Gottes Wesen in Worten erklären? Er ist unaussprechlich, unbeschreiblich.

Nur in tiefer Meditation kannst du Sein einzigartiges Wesen erfassen.

—⚬—

Viele stellen sich Gott nicht gern als eine Persönlichkeit vor; sie meinen, dass eine anthropomorphe Vorstellung zu begrenzt sei. Sie sehen in Ihm den unpersönlichen GEIST, die Allmacht, die intelligente Kraft, die für das Universum verantwortlich ist. Wenn aber unser Schöpfer unpersönlich ist, wie kann Er dann menschliche Wesen erschaffen haben? Wir sind persönliche Wesen; wir haben Individualität. Wir denken, fühlen und wollen; und Gott hat uns nicht nur die Fähigkeit gegeben, die Gedanken und Gefühle anderer zu schätzen, sondern sie auch zu erwidern. Der Herr selbst hat sicher dasselbe Verlangen nach Wechselbeziehung, das Er all Seinen Geschöpfen eingegeben hat. Wir müssen es Ihm nur erlauben, dann kann und wird

unser Himmlischer Vater ein ganz persönliches
Verhältnis mit jedem von uns eingehen.

Du kannst Ihn schon in dieser Nacht schauen, wenn du dich dazu entschliesst

Vertiefe dich während jeder freien Minute in den Gedanken an Seine Unendlichkeit. Sprich zu Ihm wie zu einem innigen Vertrauten. Er ist der Nächste der Nächsten, der Liebste der Lieben. Liebe Ihn wie ein Geizhals sein Geld, wie ein feuriger Liebhaber seine Geliebte, wie ein Ertrinkender die Luft. Wenn du dich so intensiv nach Gott sehnst, wird Er zu dir kommen.

—∽—

Vergangenen Sommer kehrte ich unterwegs in einem Kloster ein, wo ich mit einem der Priester sprach. Er war eine wunderbare Seele, und ich fragte ihn, wie lange er schon ein Mönchsleben geführt habe.

»Etwa 25 Jahre«, erwiderte er.

Dann fragte ich ihn: »Können Sie Christus sehen?«

»Das verdiene ich nicht«, antwortete er. »Vielleicht wird er im Tode zu mir kommen.«

»Nein«, versicherte ich ihm, »Sie können ihn schon in dieser Nacht sehen, wenn Sie sich fest dazu entschließen.« Tränen traten in seine Augen, und er schwieg.

Ihr müsst mit großer Intensität beten. Wenn ihr jede Nacht meditiert und Gott inbrünstig anruft, wird das Dunkel weichen. Dann werdet ihr hinter diesem irdischen Licht das Licht Gottes sehen – dann seht ihr das wahre Leben, das hinter allen Lebensformen liegt, den Vater, der hinter allen Vätern, die Mutter, die hinter allen Müttern, den Freund, der hinter allen Freunden, das

Element, das hinter allen physischen Elementen,
die Kraft, die hinter allen anderen Kräften steht.

V

Bete mit dynamischer Willenskraft

RICHTIGES BETEN ERFORDERT WILLENSKRAFT

Träge Menschen sind der Meinung, dass sie nur zu beten brauchten und Gott ihnen dann ihre Wünsche erfüllen müsse. Wichtig ist jedoch, dass man Willenskraft anwendet und sich auf den göttlichen Willen einstellt. Wenn euer Wille ständig um ein bestimmtes Ziel kreist, wird er zum dynamischen Willen. Einen solchen Willen besaßen Jesus und alle anderen großen Gottessöhne.

—〜〜—

Manche behaupten, wir sollten unseren Willen nicht dafür gebrauchen, die Umstände zu ändern, weil wir sonst in Gottes Plan eingriffen. Warum aber hat uns Gott den Willen verliehen, wenn wir ihn nicht einsetzen sollen? Ich begegnete einmal einem Fanatiker, der gegen jeden Gebrauch der Willenskraft war, weil sie nur den Egoismus stärke. »Sie gebrauchen in diesem Augenblick ziemlich viel Willen, um sich mir zu widersetzen«, erwiderte ich. »Sie wenden Ihren Willen an, wenn Sie sprechen, Sie sind gezwungen, ihn zu gebrauchen, um zu stehen, zu essen, ins Kino zu gehen, selbst um sich schlafen zu legen. Alles, was Sie tun, müssen Sie vorher *wollen*. Ohne Willenskraft wären Sie ein bloßer Automat.« Als Jesus sagte: »Doch nicht wie ich will, sondern wie du willst«, meinte er damit nicht, dass man seinen Willen nicht gebrauchen solle. Er wollte nur erklären, dass der Mensch lernen müsse, seinen von Wünschen regierten Willen dem Willen Gottes unterzuordnen. Daher ist richtiges und beharrliches Beten eine Willensäußerung.

—◊—

STÄNDIGES GEISTIGES FLÜSTERN ENTWICKELT DYNAMISCHE WILLENSKRAFT

Wenn ihr in eine bestimmte Vorstellung gehen oder ein Kleid oder ein Auto kaufen wollt, das euch gefällt, überlegt ihr dann nicht ständig bei allem, was ihr tut, wie ihr diese Dinge erwerben könnt? Euer Geist kommt nicht eher zur Ruhe, als bis eure brennenden Wünsche erfüllt sind; er ist ständig damit beschäftigt, sie zu befriedigen ...

Geistiges Flüstern kann zu einer dynamischen Kraft werden, welche die Materie nach euren Wünschen gestaltet. Ihr ahnt gar nicht, wie groß die Kraft des Geistes ist. Wenn euer Geist und euer Wille auf den Göttlichen Willen eingestellt sind, braucht ihr keinen Finger zu rühren, um irgendeine Änderung auf dieser Erde zustande zu bringen. Das göttliche Gesetz wird für euch arbeiten. Alle bedeutenden Errungenschaften in meinem Leben verdanke ich dieser Kraft des Geistes, die im Einklang mit Gottes Willen ist. Sobald der göttliche Dynamo eingeschaltet ist, erfüllt sich alles, was ich mir wünsche.

—⚬—

Macht von der Kraft eures Willens und euer positiven Gedanken Gebrauch, bis diese zu entsprechenden Handlungen werden. Gedanken sind die Vorstufe aller Dinge in der Schöpfung; alles ist aus Gedanken entstanden. Wenn ihr mit unbeugsamem Willen an dieser Wahrheit festhaltet, werden sich eure Gedanken materialisieren. Das kann niemand ableugnen. Durch solch machtvolle Gedanken hat Christus seinen gekreuzigten Körper wiederhergestellt; und das brachte er mit diesen Worten zum Ausdruck: »Und alles, was ihr bittet im Gebet, so ihr glaubet, werdet ihr's empfangen.«

—∿∿—

In der Abgeschiedenheit konzentrierter Gedanken liegt die Werkstatt aller Errungenschaften. Vergegenwärtigt euch das immer! In dieser Werkstatt müsst ihr ständig am Webstuhl eures Willens sitzen, damit ihr alle Schwierigkeiten, die sich euch in den Weg stellen, erfolgreich überwinden könnt. Macht ständig von eurem Willen Gebrauch! Wenn ihr eure Zeit nicht vergeudet, werdet ihr tagsüber und auch nachts oft Gelegenheit haben, in dieser Werkstatt zu arbeiten. Nachts ziehe ich mich von der Welt zurück und bin allein; dann bin ich der Welt entrückt – sie existiert nicht mehr für mich. Wenn ich dann mit meiner Willenskraft allein bin, gebe ich meinen Gedanken die gewünschte Richtung, bis ich innerlich genau weiß, was ich tun und wie ich es tun will. Danach gehe ich mit der ganzen Kraft meines Willens ans Werk, bis der Erfolg da ist. Auf diese Weise habe ich viele Male erfolgreich von meiner Willenskraft Gebrauch gemacht.

—⚬⚬—

Wenn du die Worte »Das kann ich nicht« aus deinem Geist verbannst, findet die göttliche Kraft Einlass

Ihr müsst glauben, dass sich das, worum ihr betet, verwirklichen kann. Wenn ihr euch ein Haus wünscht, aber innerlich denkt: »Du Dummkopf, du kannst dir überhaupt kein Haus leisten«, müsst ihr euren Willen stärken. Wenn die Worte »Das geht nicht« aus unserem Geist verschwinden, kann die göttliche Kraft dort einziehen. Ein Haus fällt euch nicht in den Schoß; ihr müsst euren Willen ständig entwickeln, indem ihr richtig handelt. Wenn ihr beharrlich seid und euch von keinen Fehlschlägen entmutigen lasst, wird das, was ihr euch wünscht, eintreten. Selbst wenn in dieser Welt nichts existiert, was eurem Wunsch entspricht, euer Wille aber nicht nachlässt, wird das gewünschte Ergebnis irgendwie zustande kommen. Diese Art von Willen bringt Gottes Antwort; denn der Wille kommt von Gott, und ein beharrlicher Wille ist göttlicher Wille. Ein schwacher Wille ist ein sterblicher Wille. Er verliert seine Verbindung mit dem Dynamo des Unendlichen, sobald er durch Prüfungen und Fehlschläge von ihm abgeschnitten wird. Doch hinter dem menschlichen Willen liegt der göttliche Wille, der nie versagen kann. Selbst der Tod kann dem göttlichen Willen nicht Einhalt gebieten. Der Herr erhört ganz sicher das Gebet, hinter dem ein beharrlicher Wille steht.

—ᴍ—

»So ihr werdet sagen zu diesem Berge: Hebe dich von hinnen ...«

Wenn ihr entschlossen seid, Gutes zu tun, werdet ihr es auch vollbringen, doch ihr müsst bis zum Schluss dynamische Willenskraft anwenden. Ganz gleich, wie die äußeren Umstände sein mögen, wenn ihr es immer wieder versucht, wird Gott die nötigen Mittel bereitstellen und euren Willens-aufwand belohnen. Auf diese Wahrheit bezog sich Jesus, als er sprach: »So ihr Glauben habt und nicht zweifelt ... so ihr werdet sagen zu diesem Berge: Hebe dich auf und wirf dich ins Meer! so wird's geschehen.«

—⁓—

Beschäftigt euch mit dem Leben der Heiligen. Das,

was euch leichtfällt, ist nicht der Weg Gottes. Das, was euch schwerfällt, ist Sein Weg. Der hl. Franziskus hatte mehr Schwierigkeiten, als ihr euch vorstellen könnt, aber er gab nicht auf. Durch die Kraft seines Geistes überwand er ein Hindernis nach dem anderen und wurde eins mit dem Meister des Universums. Warum könnt ihr nicht diese Art von Entschlossenheit aufbringen?

—ɯ—

WIE KÖNNEN WIR UNSEREN WILLEN ENTWICKELN?

Nehmt euch jeden Tag etwas vor, was euch schwerfällt, und versucht es dann zu tun. Auch wenn es euch fünfmal misslingen sollte, versucht es immer wieder; und sobald ihr Erfolg habt, richtet euren Willen auf etwas anderes. So werdet ihr es zu immer größeren Leistungen bringen.

Der Wille ist das Werkzeug des in euch schlummernden göttlichen Ebenbildes. Im Willen offenbart sich Gottes grenzenlose Kraft – die Kraft, die alle Naturkräfte bewegt. Da ihr Ihm zum Bilde geschaffen seid, gehört diese Kraft auch euch und kann alles vollbringen, was ihr euch wünscht: Ihr könnt Wohlstand erlangen, ihr könnt Hass in Liebe verwandeln. Betet, bis ihr euch

Körper und Geist völlig untertan gemacht habt;
dann werdet ihr Gottes Antwort fühlen.

—ɯ—

Es muss dir Ernst sein mit Gott

Die meisten Menschen haben nur den vagen Wunsch, geheilt zu werden; sie möchten gern glauben, dass Gott sie heilen kann. In Wirklichkeit aber beten sie ungläubigen Herzens oder mit dem Gefühl, dass es ja doch zwecklos sei und dass Gott ihre Gebete nicht erhören werde. Oder sie beten und warten nicht, um festzustellen, ob ihre Gebete Gott erreicht haben.

—⁓—

Wenn ihr Ihm aber nur kurz etwas sagt und Ihn dann wieder vergesst, erhaltet ihr nie Antwort von Ihm. Gott ist »schwer zu erobern«, weil es vielen Menschen nicht Ernst mit Ihm ist. Die

Methode des Betens ist gewöhnlich nicht sehr wirksam, weil die meisten Gebete nicht tief und hingebungsvoll genug sind.

—∿—

Rufe nach der Göttlichen Mutter, bis Sie erscheint

Allein solche Gebete sind wirksam, bei denen eure Seele vor Sehnsucht nach Gott in Flammen steht. Sicher habt ihr manchmal so gebetet, vielleicht, wenn ihr euch irgendetwas sehnlichst wünschtet oder wenn ihr dringend Geld brauchtet – dann hat euer brennender Wunsch den ganzen Äther in Flammen gesetzt. Genauso müsst ihr für Gott fühlen.

—✺—

Wenn ihr wisst, was richtig ist, warum tut ihr es dann nicht? Warum ruft ihr Gott nicht an, bis der Himmel unter dem Ansturm eurer Gebete erbebt? ... Vergesst nie, dass es das schreiende Kind ist, das die Aufmerksamkeit der Mutter erweckt.

Kinder, die sich leicht zufriedenstellen lassen, sind gleich still, wenn sie ein Spielzeug bekommen. Aber das unartige Kind gibt sich mit nichts anderem als der Mutter zufrieden und schreit so lange, bis sie kommt. Ruft also nach der Göttlichen Mutter, bis Sie zu euch kommt!

Ruft die Göttliche Mutter aus tiefster Seele an

»Mutter, meine Seele ruft nach Dir; verbergen kannst Du Dich nicht mehr!« Schließt die Augen, denkt an Gott und ruft die Göttliche Mutter von ganzer Seele an. Das könnt ihr jederzeit und überall tun. Womit ihr auch beschäftigt seid, ihr könnt innerlich immer zu Gott sprechen: »O Herr, ich suche nach Dir. Ich wünsche mir nichts anderes als Dich allein. Ich sehne mich immerfort nach Dir. Du hast mich als Dein Ebenbild erschaffen, und Du bist mein Zuhause. Du hast kein Recht, mich von Dir fernzuhalten. Sicher habe ich manches falsch gemacht und mich von den Täuschungen Deines kosmischen Spiels in Versuchung führen lassen. Doch weil Du meine Mutter, mein Vater und mein Freund bist, weiß ich auch, dass Du mir vergeben und mich zurückholen wirst. Ich will nach Hause kommen. Ich will heim zu Dir.«

—⁓—

Jeden Abend, wenn ihr euch zur Meditation niedersetzt, betet unaufhörlich zu Gott. Brecht das Schweigen mit eurem Verlangen. Weint vor Gott, so wie ihr vor eurer Mutter oder eurem Vater weinen würdet: »Wo bist Du? Du hast mich erschaffen, Du hast mir die Intelligenz gegeben, Dich zu suchen. Du bist in den Blumen, im Mond und in den Sternen. Musst Du wirklich immer verborgen bleiben? Komm zu mir. Du *musst* zu mir kommen!« Mit der ganzen Konzentration eures Geistes, mit der ganzen Liebe eures Herzens reißt den Schleier des Schweigens immer wieder entzwei. So wie man aus der Milch Butter machen kann, wenn man sie ständig rührt, so rührt den

Äther mit eurer Hingabe auf, bis Gott aus ihm hervortaucht.

—ɯɯ—

BITTE IHN IMMER UND IMMER WIEDER VON GANZEM HERZEN

Gebt euch nicht zufrieden, bis Er euch antwortet. Bittet Ihn immer wieder aus ganzem Herzen: »Offenbare Dich! Offenbare Dich mir! Die Sterne mögen bersten, die Erde mag sich auflösen, doch meine Seele wird immer zu Dir rufen: ›Offenbare Dich mir!‹« Das unablässige, nie erlahmende Hämmern eurer Gebete wird Sein beharrliches Schweigen brechen. Schließlich wird Er sich plötzlich offenbaren; und das wird wie ein unsichtbares Erdbeben sein. Die Mauern des Schweigens, die das Staubecken eures Bewusstseins umschließen, werden erzittern und zerbröckeln, und ihr werdet fühlen, wie ihr in den Mächtigen Ozean einmündet. Dann könnt ihr Ihm sagen: »Nun bin ich eins mit Dir; alles, was Dir gehört, gehört auch mir.«

VI

Fordere deinen inneren Zufluchtsort zurück

—ɷ—

IN DER STILLE DER SEELE

Wenn Gott deine Gebete nicht beantwortet, so liegt es daran, dass es dir nicht Ernst genug damit ist. Du kannst die Aufmerksamkeit deines Himmlischen Vaters nicht erregen, wenn du trockene, nachgeplapperte Gebete an Ihn richtest. Deine Gebete werden Gott nur dann erreichen, wenn du sie ihm fortwährend, regelmäßig und mit tiefer Aufrichtigkeit darbringst. Befreie deinen Geist von allen negativen Gedanken – von Furcht, Sorgen und Ärger; dann erfülle ihn mit Gedanken der Liebe, der Dienstbereitschaft und Vorfreude. Im Heiligtum deines Herzens darf nur eine Kraft, eine Freude und ein Friede herrschen, und das ist Gott.

—⁓—

Gott in Seiner unendlichen Güte versucht ständig, uns durch die verschiedenen Erfahrungen im Leben Seine Freude, Seine Inspiration, wahres Leben, wahre Weisheit, wahres Glück und wahres Verständnis zu schenken. Doch nur in der Stille der Seele kann Er sich in Seiner ganzen Herrlichkeit offenbaren ...

Je mehr ihr euch auf die Außenwelt konzentriert, umso weniger werdet ihr die innere Herrlichkeit und ewig währende Freude des GEISTES erkennen. Je mehr ihr euch auf die innere Welt konzentriert, umso weniger Schwierigkeiten werdet ihr äußerlich haben.

—⁓—

Schon ein einziger Gedanke kann euch erlösen. Ihr wisst gar nicht, was eure machtvollen Gedanken alles im Äther bewirken können.

—⁓—

Jeder Gedanke, den wir hegen, sendet eine eigene feinstoffliche Schwingung aus ... Wenn ihr innerlich das Wort »Gott« sprecht und es in Gedanken ständig wiederholt, erzeugt das eine Schwingung, die Gottes Gegenwart anzieht.

—✕—

Ihr müsst alles im Gedanken an Gott tun. Ihr müsst wissen, dass alles, was existiert, Gott zum Mittelpunkt hat.

—✕—

Er lässt sich niemals bestechen, doch durch Aufrichtigkeit, Ausdauer, Konzentration, Hingabe, Entschlossenheit und Glauben kann man Sein Herz leicht erobern.

—✕—

Verbanne aus deinem Geist jeden Zweifel daran, dass Gott antworten wird

Ihr dürft nie daran zweifeln, dass Gott euch antworten wird. Die meisten Menschen erhalten keine Antwort, weil sie nicht daran glauben. Wenn ihr fest entschlossen seid, etwas Bestimmtes zu erreichen, kann keiner euch daran hindern. Doch in dem Augenblick, wo ihr aufgebt, habt ihr euer eigenes Urteil gesprochen. Im Wortschatz des erfolgreichen Menschen gibt es das Wort »unmöglich« nicht.

Bete mit Geduld
und festem Glauben

Angenommen, ihr habt eine Hypothek auf eurem Haus, die ihr nicht abzahlen könnt. Oder ihr wollt euch um eine Stellung bewerben. Konzentriert euch in der Stille, die nach einer tiefen Meditation folgt, mit unerschütterlicher Willenskraft auf das, was ihr braucht. Erwartet nicht gleich Erfolge. Wenn ihr die Saat in die Erde gestreut habt und sie dann jeden Tag wieder ausgrabt, um zu sehen, ob sie aufgegangen ist, wird sie nie keimen. Ähnlich ist es, wenn ihr betet und sofort irgendein Zeichen von Gott erwartet, dass euer Wunsch erfüllt worden ist; dann wird nichts geschehen. Versucht nie, Gott auf die Probe zu stellen. Betet aber unentwegt. Eure Pflicht besteht darin, Gott euer Anliegen vorzubringen und euer Teil dazu beizutragen, Gott bei der Erfüllung eures Wunsches zu helfen. Tut bei chronischen Krankheiten euer Bestes, gesund zu werden, aber sagt euch innerlich immer, dass letzten Endes nur Gott helfen kann. Meditiert jede Nacht darüber und betet eindringlich; dann wird die Krankheit eines Tages verschwunden sein.

—⚬—

Wenn ihr eure Forderung in die Erde des Glaubens gesät habt, grabt die Samen nicht ab und zu wieder aus, um zu sehen, wie weit sie gediehen sind, sonst wird die Saat nie aufgehen. Sät eure Forderung voller Vertrauen aus und bewässert sie, indem ihr sie täglich mehrmals wiederholt. Lasst euch nicht entmutigen, wenn sich nicht gleich Ergebnisse einstellen. Fordert unentwegt weiter, dann werdet ihr euer göttliches Erbteil wiedererlangen; und erst dann wird vollkommene

Zufriedenheit in euer Herz einkehren. Fordert so lange, bis ihr euch euer göttliches Recht verschafft habt. Fordert unaufhörlich das, was euch zusteht, dann werdet ihr es auch erhalten.

—ɯɯ—

Selbst wahre Gottsucher denken manchmal, dass Er ihre Gebete nicht erhöre. Er antwortet schweigend – durch Seine Gesetze. Doch bevor Er sich des Gottsuchers nicht absolut sicher ist, wird Er ihm nicht unmittelbar antworten. Er wird nicht zu ihm sprechen. Der Herr des Universums ist so demütig, dass Er nicht spricht; denn Er will den freien Willen des Gottsuchers, der die Wahl hat, Ihn anzunehmen oder zurückzuweisen, nicht beeinflussen. Wenn ihr Ihn erst einmal kennt, werdet ihr Ihn zweifellos auch lieben. Wer könnte dem Unwiderstehlichen widerstehen? Doch bevor ihr Gott erkennen könnt, müsst ihr Ihm beweisen, dass ihr Ihn bedingungslos liebt. Ihr müsst Glauben haben. Ihr müsst *wissen*, dass Er euch in dem Augenblick, da ihr betet, auch hört. Dann wird Er sich euch zu erkennen geben.

—◊—

In der Höhle inneren Schweigens wirst du die Quelle der Weisheit entdecken

Wer sich geistig nicht geschlagen gibt, wird Gott im Tempel seines Herzens finden. Ganz gleich, worin eure Hindernisse bestehen, ihr könnt eines tun: ihr könnt im geheimen Tempel eures Herzens Gott suchen und Ihn von ganzem Herzen lieben. Immer, wenn ihr zwischen euren Aufgaben etwas Zeit habt, zieht euch in die Höhle des inneren Schweigens zurück. Inmitten einer Menschenmenge findet man keine Stille. Lasst euch genug Zeit, um allein zu sein; dann werdet ihr in der Höhle des inneren Schweigens die Quelle der Weisheit entdecken.

SUCHT EURE ZUFLUCHT IM INNEREN TEMPEL DES SCHWEIGENS

Setzt euch jeden Abend, bevor ihr euch zur Ruhe begebt, mindestens eine halbe Stunde lang still und ruhig hin, wenn möglich sogar viel länger, und auch morgens, bevor ihr an die tägliche Arbeit geht. Dadurch gewinnt ihr eine furchtlose, unveränderlich freudige Einstellung, sodass ihr mit allen Prüfungen, die das tägliche Leben bringt, fertig werdet. Mit dieser ständigen Freude im Herzen bemüht euch, alles, was ihr täglich zum Leben braucht, zu erwerben.

—ɯ—

Dort, wo eure Gedanken sind, verbringt ihr die meiste Zeit.

Wenn dich die Raubtiere der Sorgen, Krankheiten oder des Todes verfolgen, ist der innere Tempel des Schweigens deine einzige Zuflucht. Der tief veranlagte, geistige Mensch lebt Tag und Nacht in einem Zustand innerer Stille, aus dem ihn weder drohende Sorgen noch eine zusammenbrechende Welt herausreißen können ...

Keine Worte können beschreiben, welche Freude dich hinter den Toren deines Geistes im tiefen Schweigen erwartet. Doch du musst selbst die Erfahrung machen; du musst meditieren und für die richtige Umgebung sorgen. Wer tief meditiert, fühlt eine wunderbare innere Ruhe. An dieser inneren Stille musst du auch dann festhalten, wenn du dich in Gegenwart anderer Menschen befindest. Was du in der Meditation gelernt hast, musst du während all deiner Tätigkeit und im

Umgang mit anderen Menschen anwenden; keiner sollte dir diese innere Ruhe rauben können. Bewahre dir deinen Frieden ... Lade Gott durch deine erwachte Intuition in den inneren Tempel des Schweigens ein.

—∽—

Er wohnt in den Herzen und Seelen aller Lebewesen. Und wenn ihr den geheimen Tempel eures Herzens in der Meditation aufschließt und die allwissende Intuition eurer Seele befragt, könnt ihr im Buch des Lebens lesen. Dann, und nur dann, werdet ihr mit dem lebendigen Gott in Verbindung treten; und dann werdet ihr Ihn im Innersten eures Wesens fühlen. Wenn ihr dies nicht im Herzen fühlt, werdet ihr keine Antwort auf eure Gebete erhalten. Ihr mögt alles herbeiziehen, was euch aufgrund eurer guten Handlungen und eures guten Karmas zusteht; doch wenn ihr eine bewusste Antwort von Gott erhalten wollt, müsst ihr euch zuerst in göttlicher Übereinstimmung mit Ihm befinden.

TAUCHE TIEF IN DEN FRIEDEN GOTTES EIN

Ruft Gott innerlich mit der ganzen Glut und Aufrichtigkeit eures Herzens an. Ladet Ihn freudig in den Tempel des Schweigens ein; und während tieferer Meditation versucht Ihn im Tempel der Ekstase und Glückseligkeit zu finden. Singt zu Gott und fühlt dabei, wie nahe Er ist. Sendet Ihm mit ganzer Kraft und von ganzem Herzen, ganzem Gemüt und ganzer Seele eure Gedanken und Gefühle der Liebe. Fühlt intuitiv, wie Gottes Gegenwart – als großer Frieden und große Freude – durch die Wolken eurer Ruhelosigkeit bricht. Gottes Stimme tut sich durch Frieden und Freude kund; sie ist lange von eurer Unwissenheit erstickt und im Lärm menschlicher Leidenschaften überhört und vergessen worden.

Das Reich Gottes befindet sich unmittelbar hinter dem Dunkel der geschlossenen Augen, und das erste Tor, das euch den Zugang erschließt, ist euer Frieden. Atmet aus und entspannt euch; fühlt, wie sich dieser Frieden überallhin — nach innen und nach außen — verbreitet. Taucht ganz in diesen Frieden ein.

Atmet tief ein und aus. Dann vergesst den Atem. Wiederholt jetzt:

»Vater, verstummt sind die Laute der Welt und des Himmels. Ich befinde mich im Tempel der Stille. Dein ewiges Reich des Friedens erstreckt sich vor meinen Blicken bis ins Unendliche. Möge dieses unendliche Reich, das lange hinter dem Dunkel verborgen lag, mir immer gegenwärtig sein. Frieden erfüllt meinen Körper; Frieden erfüllt mein Herz und meine Liebe; Frieden ist in mir und um mich herum — überall. Gott ist Frieden. Ich bin Sein Kind. Ich bin Frieden. Gott und ich, wir sind eins.«

—◇—

GOTT IST DEIN WAHRES ZUHAUSE

Wenn wir mit Gott im Einklang sind, werden wir Seine Stimme hören, die uns sagt: »Ich habe dich seit Anfang der Welt geliebt; Ich liebe dich jetzt; und Ich werde dich lieben, bis du heimkehrst zu Mir. Ob du es weißt oder nicht, Ich werde dich immer lieben.«

Im tiefen Schweigen spricht Er zu uns und ruft uns in unser wahres Zuhause zurück.

—⁂—

Letzten Endes muss jeder Gott finden. Es ist daher töricht zu fragen: »Werde ich je in den Himmel kommen?« Nirgendwo sonst könnt ihr bleiben, denn er ist eure wahre Heimat. Ihr braucht sie euch nicht erst zu verdienen. Ihr seid bereits

Gottes Kinder, die Ihm zum Bilde geschaffen sind. Ihr müsst nur die Maske des menschlichen Körpers abnehmen und euer göttliches Geburtsrecht erkennen.

Im Tempel des Schweigens wird Er sich dir schenken

Ihr seid alle Götter, wenn ihr es nur wüsstet. Hinter der Welle eures Bewusstseins liegt das Meer der göttlichen Gegenwart. Ihr müsst nach innen schauen. Konzentriert euch nicht auf die kleine Welle des Körpers mit all ihren Schwächen; schaut tiefer.

Schließt die Augen, dann seht ihr, wo ihr euch auch hinwenden mögt, die unermessliche Allgegenwart. Ihr befindet euch im Zentrum dieser Sphäre, und wenn ihr euer Bewusstsein über den Körper und alle körperlichen Empfindungen hinaushebt, dann erkennt ihr, dass diese Sphäre mit der großen Freude und Glückseligkeit erfüllt ist, die den Sternen ihr Licht und den Winden und Stürmen ihre

Kraft gibt. Gott ist die Quelle all unserer Freuden und aller Offenbarungen der Natur ...

Erwacht aus dem Dunkel der Unwissenheit. Ihr habt die Augen im Schlaf der Täuschung geschlossen. Wacht auf! Öffnet die Augen, dann werdet ihr die Herrlichkeit Gottes schauen – die unendliche Weite des göttlichen Lichts, das sich über alle Dinge breitet. Ich sage euch, was ihr werden müsst: »göttliche Realisten«; dann werdet ihr von Gott die Anwort auf alle Fragen erhalten ...

Ihr müsst euer göttliches Geburtsrecht fordern. Eure unablässigen Gebete, eure feste Entschlossenheit, eure nie nachlassende Sehnsucht nach Gott wird Ihn schließlich dazu bringen, Sein großes Schweigegelübde zu brechen und euch zu antworten. Vor allem aber wird Er euch im Tempel des Schweigens das Geschenk Seiner Selbst geben.

—✺—

DAS WICHTIGSTE GEBET
JEDES HERZENS

Er ist wirklich, und wir können Ihn noch in diesem Leben finden. Aus den Herzen der Menschen steigen viele Gebete empor: um Geld, Ruhm, Gesundheit und alle möglichen anderen Dinge. Doch das eindringlichste Gebet jedes Herzens sollte Gottes Gegenwart gelten. Ganz unmerklich, aber sicher, werdet ihr von selbst zu der Erkenntnis gelangen, dass Gott der einzige Wunschgegenstand, das einzige Ziel ist, das euch befriedigen kann; denn in Gott liegt die Erfüllung aller Herzenswünsche ...

Eure Seele ist ein Tempel Gottes, und die Dunkelheit menschlicher Unwissenheit und irdischer Begrenzung muss aus diesem Tempel vertrieben

werden. Es ist wunderbar, ganz im Bewusstsein
der Seele zu ruhen – stark und gefestigt!

Fürchtet euch vor nichts! Hasst niemanden,
schenkt allen eure Liebe, fühlt Gottes Liebe, schaut
Ihn in jedem Menschen und wünscht euch nichts
anderes, als dass Er ständig im Tempel eures Bewusstseins wohnt; das ist die richtige Weise, in
dieser Welt zu leben.

Über den Autor

Paramahansa Yogananda (1893 – 1952) gilt weltweit als eine der überragenden geistigen Persönlichkeiten unserer Zeit. Aus Nordindien stammend reiste er 1920 in die Vereinigten Staaten, wo er über dreißig Jahre lang die altehrwürdige indische Wissenschaft der Meditation sowie die Kunst eines ausgeglichenen spirituellen Lebens lehrte. Durch seine begeistert aufgenommene Lebensgeschichte, die *Autobiographie eines Yogi,* und seine zahlreichen anderen Bücher hat Paramahansa Yogananda Millionen von Lesern in die unsterbliche Weisheit des Ostens eingeführt. Heute wird sein geistiges und humanitäres Werk von der internationalen Organisation Self-Realization Fellowship weitergeführt, die er 1920 gründete, um seine Lehren weltweit zu verbreiten. Derzeitiger Präsident und geistiges Oberhaupt der Self-Realization Fellowship ist Bruder Chidananda.

Andere Bücher von Paramahansa Yogananda

Erhältlich in Buchhandlungen, im Internet,
von Brockhaus Commission
(bestell@brocom.de, Tel. 07154/13270)
oder direkt vom Verlag (www.srfbooks.org).

Autobiographie eines Yogi
(Hörbuch, gelesen von Robert Atzorn)

Gott spricht mit Arjuna – Die Bhagavad-Gita
(Neue Übersetzung und neuer Kommentar)

Die Wiederkunft Christi:
Die Auferstehung des Christus im eigenen
Inneren – *Eine wegweisende Auslegung der*
ursprünglichen Lehren Jesu

Der Yoga der Bhagavad-Gita

Der Yoga Jesu

Gesammelte Vorträge und Essays
Band I: Die ewige Suche des Menschen
Band II: Im Zauber des Göttlichen
Band III: Die Reise zur Selbst-Verwirklichung

Der Wein des Mystikers
Die Rubaijat des Omar Chajjam –
eine geistige Deutung

Religion als Wissenschaft

Flüstern aus der Ewigkeit

Lieder der Seele

Worte von Paramahansa Yogananda

Wissenschaftliche Heilmeditationen

An der Quelle des Lichts
Einsichten und Inspirationen, um den
Herausforderungen des Lebens zu begegnen

Zwiesprache mit Gott

Wege zum inneren Frieden
Ruhige Tätigkeit – tätige Ruhe

Meditationen zur SELBST-Verwirklichung

Das Gesetz des Erfolges

Erfolg im Leben

Warum Gott das Böse zulässt und
wie man sich darüber erhebt

Kosmische Lieder

DVD Video

Awake: The Life of Yogananda
Ein Film von CounterPoint Films